LE MÉDECIN

SANS ENFANTS

OU LE

DON JUAN DE VINCENNES

ET CE QU'ON PERD QUAND ON A UNE PAIRE DE PÈRES

PARODIE EN DEUX TABLEAUX,

PAR

MM. CH. CABOT ET A. DE JALLAIS

REPRÉSENTÉE A PARIS, LE 30 NOVEMBRE 1855.

·PARIS

IMPRIMERIE MORRIS ET COMPAGNIE,

RUE AMELOT, 64.

1856

LE MÉDECIN

SANS ENFANTS

OU LE

DON JUAN DE VINCENNES

ET CE Q'UON PERD QUAND ON A UNE PAIRE DE PÈRES

PARODIE EN DEUX TABLEAUX,

PAR

MM. CH. CABOT ET A. DE JALLAIS

REPRÉSENTÉE A PARIS LE 30 NOVEMBRE 1855.

PARIS

IMPRIMERIE MORRIS ET COMPAGNIE

RUE AMELOT, 64

1856

PERSONNAGES.

LOUP DE MER, pêcheur endurci de harengs.

LUCIEN, marchand de vulnéraire suisse.

CHER HOMME, grognon par état, obligeant par inclination.

LUCIE (pas de Lamermoor), jeune fille qui ne désire pas rester garçon.

Mme LOUP DE MER, épouse qui se fiche de l'art. 210 du Code.

UN JEUNE PEINTRE en bâtiments, qui ne sert qu'à dénouer la pièce,
et qui reste dans la coulisse.

VILLAGEOIS ET VILLAGEOISES.

(La scène se passe en Suisse.)

LE MEDECIN SANS ENFANTS

OU LE

DON JUAN DE VINCENNES.

PREMIER TABLEAU.

Le théâtre représente une campagne. A droite, une maison de paysans, à gauche une autre maison avec un perron; au-dessus une enseigne où il y a : LUCIEN, MARCHAND DE VULNÉRAIRE SUISSE. A droite, un barbier avec cette enseigne : ICI ON RASE AU POUCE, A LA CUILLÈRE, A LA FOURCHETTE, MAIS PAS A L'ŒIL.

SCÈNE PREMIÈRE.

CHER HOMME, LOUP DE MER.

CHER HOMME, *très-doux.*

Suivez-moi, mon brave monsieur, je ne connais pas du tout le pays, mais comme nous sommes en Suisse, nous ne manquerons pas de rencontrer des portiers qui nous diront le chemin.

LOUP DE MER.

Merci mon vieux; vous êtes très-laid, mais vous avez l'air d'un brave homme.

CHER HOMME (*bourru.*)

Moi, du tout !... je suis très-méchant !... je n'aime pas à obliger les gens... et la preuve, c'est qu'il y a quinze jours, j'ai vu un chien qui se noyait et que je me suis jeté à l'eau pour le sauver.. Le lendemain, le cochon de mon voisin Trifouillard allait être tué... (*s'attendrissant*) et quand j'ai vu ça... (*pleurant*) j'ai pris en pi.... pi.... tié la pauvre bête, et j'ai fait ca...ca... cacher le pauvre goret dans mon lit, et je l'ai fait passer pour ma femme...

LOUP DE MER (*lui tendant la main.*)

Un charcutier n'aurait pas agi si délicatement... c'est un beau trait !...

AIR : *Cadet Roussel.*

Je m'étais dis en vous voyant
Malgré son air fort embêtant
Et son son de voix chevrotant :
Il doit avoir un cœur aimant,
D' sauver un cochon, Dieu me garde,
Et j' comprends, plus je vous regarde,
Que vous devez, mon bon,
Avec votr' port aimer l' cochon.

CHER HOMME.

Et vous, qui vous a amené en ce pays? _
LOUP DE MER, *d'un air sombre et mystérieusement.*
Le chemin de fer du Nord (rive droite.

CHER HOMME, *se rapprochant mystérieusement.*

Vous êtes venu par les premières?

LOUP DE MER *(même jeu.)*

Avec dix centimes de supplément pour mes bagages !...

CHER HOMME.

Et il y a longtemps que, comme Joconde, vous parcourez le monde ?...

LOUP DE MER.

Il y a quatre-vingt-onze ans depuis cinq ans.

CHER HOMME.

Quel âge avez-vous donc?...

LOUP DE MER.

Quarante-cinq ans, quatre mois, cinq jours, deux heures et onze minutes!... ,

CHER HOMME.

Mais comment se fait-il alors qu'il y ait quatre-vingt onze ans?

LOUP DE MER.

AIR : Dans ce bon temps.

On vit très-vieux dans ma famille:
Mon père est mort à quatre-vingt-sept ans
Et mon grand-père!...à cent huit ans,
Quand je mourus, avait cent quatorze ans.
Je crois que ça fait déjà quelques printemps!
Mon bisaieul, comm' les autres voulant faire,
Est trépassé à l'âge de cent ans,
Et je crois mêm' qu'il avait cent huit ans!
Et chos' plus forte, si mon arrière grand'père
Vivait encor' il aurait trois cents ans
Oui, mon ami, si mon arrièr' grand' père
Vivait encore il aurait cinq cents ans.

Et puis nous avons une manie dans ma famille, nous vayageons comme ça de père en fils... et toujours pour la même cause... nous nous marions... et nos femmes nous font co....

CHER HOMME.

Nu... Ah! dem... le mariage est une partie de cartes à deux où le mari attrape souvent les atouts.

LOUP DE MER

Nos femmes ont pris l'habitude de se sauver avec de nobles étrangers, des épiciers enrichis.

CHER HOMME

Ainsi votre femme...

LOUP DE MER.

A fui....

CHER HOMME.

Elle était peut-être fêlée, si elle a fui?...

LOUP DE MER.

Oh! non!... elle savait bien ce qu'elle faisait, elle a filé avec un noble anglais... réfugié polonais, et je suis en Suisse à sa suite.

CHER HOMME.

Mais pourquoi avez-vous des chaussons si jeunes?...

LOUP DE MER.

Comment, si jeunes...

CHER HOMME.

Oui, puisqu'ils sont en lisière...

LOUP DE MER, *mystérieusement.*

J'ai mis ces chaussons pour que, pendant la longue route que je viens de faire, ma femme n'entende pas le bruit de mes pas...

CHER HOMME.

Pauvre mari!... je m'en étais douté en vous voyant si mal mis, je me disais: (*s'attendrissant*) voilà un homme qui doit être à la recherche..... (*pleurant*) de sa fa...fa...me.

LOUP DE MER, *lui serrant la main.*

Moins de larmes... vous allez vous changer en fontaine... mettez à vos pleurs des bornes-fontaines...

CHER HOMME, *bourru.*

Moi!... je ne pleure pas... je ne m'attendris jamais!... c'est un moellon qui m'est entré dans l'œil!...

LOUP DE MER.

Je vais continuer ma route comme un pauvre pécheur...

CHER HOMME.

Ah! vous aussi, vous avez beaucoup péché?...

LOUP DE MER.

Hélas! oui, puisque je suis un pêcheur... de hareng... au revoir...

CHER HOMME.

Non, adieu!... j'espère bien que nous ne nous reverrons plus... (*Ils se jettent dans les bras l'un de l'autre.*)

LOUP DE MER.

Je crois que j'ai cassé ma bretelle!...

CHER HOMME

Et moi, le verre de ma montre!... mais c'est égal, embrassons nous encore une petite fois. (*Ils s'embrassent. Loup de mer sort avec un mouvement tragique, et en poussant un tel soupir, que le chapeau de Cher Homme tombe.*)

SCÈNE II.

CHER HOMME, *seul*

En voilà un qui a un soufflet de forge dans sa poitrine! mais il ne s'agit pas de soufflet, souffler n'est pas jouer, soufflons un brin, et allons nous informer de Lucien... (*s'attendrissant*) sa brave femme de mère..... (*très-dur*) qui est bien la vieille la plus embêtante que je connaisse, m'a dit : (*s'attendrissant*) va à la recherche de mon polisson de fils, qui me plante là pour que je pousse... des soupirs... j'irais bien le rejoindre, mais je n'aime pas la Suisse, le change de l'argent y est trop cher...

AIR : *Ces postillons.*

Pars sans retard et va-t'en vers la Suisse,
Mon cœur me dit que mon Lucien est là;
Va le chercher, il faut que ça finisse,
Je ne puis plus vivre ici comme ça...
    Tant qu'ça durera
    Mon œil pleurera,
Emboit' le pas et fich' moi l' camp de suite,
Car mon cher fils, il me l' faut dans mes bras;
Si tu le trouves, amène-le bien vite...
    Et si tu n' le trouves pas,
    Eh bien! ne l'aumén' pas!

J'ai pris mes cliques, j'ai donné des claques à mon garçon de ferme, et je suis parti, fesant la moitié de la route à pied, et l'autre en me promenant.. et j'arrive tout droit en Suisse! pourquoi? je n'en sais rien ça, ne me regarde pas (*mettant ses lunettes*). Voyons, mettons mes lunettes, j'ai perdu leurs verres, mais ça se comprend, puisque je suis un homme qui persévère...... (*regardant l'enseigne du barbier*). Ici on rase au pouce, à la cuillère, à la fourchette, mais pas à l'œil... ça ne me regarde pas... (*Il regarde partout et aperçoit l'enseigne de Lucien*) que lis-je! ah! je sens mes *flûtes flageoler*? (*lisant*) Lucien marchand de vulnéraire... c'est lui!... Quel bel état il a embrassé!... marchand de vulnéraire!... le vulnéraire qui empêche les bosses au front et qui... Non, c'est tout, mais c'est égal, c'est beau de guérir les bosses, et je suis bien étonné que les chameaux et les dromadaires ne soient pas venus le trouver! Si j'allais frapper à sa porte! non, ça serait trop simple, et ça priverait le public d'un joli coup de théâtre... je vais aller voir s'il n'y a pas par là quelque bête à sauver!... en attendant je me sauve... (*musique à l'orchestre.*)

SCÈNE III.

LUCIEN, MAD. LOUP DE MER.

LUCIEN *sort suivi de madame Loup de mer ; il est vêtu en charlatan, il a un collant brodé, des bottes molles et un chapeau avec un énorme plumet.*

Encore une fois, vous vous créez des chimères, chère âme...

MAD. LOUP DE MER

Comment avez-vous dit?...

LUCIEN, *très-sentimental.*

Chère âme...

MAD. LOUP DE MER.

J'avais entendu, chère âne...

LUCIEN (*continuant*).

Vous vous figurez que votre mari va venir nous quérir, au milieu de cette Suisse, qui tient une si belle place, grâce à ses fromages et à son ranz....

MAD. LOUP DE MER.

Ah! la Suisse occupe un haut rang!

LUCIEN

Oui le ranz des vaches... (*sentimental*); dors donc en paix, ma niniche...

MAD. LOUP DE MER.

Comment avez-vous dit?...

LUCIEN.

Niniche.....

MAD. LOUP DE MER.

J'avais entendu caniche!....

LUCIEN, *brusquement.*

Vous avez l'ouïe dure (*très-sentimental*), et pourtant vous aviez le tympan plus délicat lorsque vous habitiez Vincennes, chef-lieu où je fis votre connaissance!..

MAD. LOUP DE MER, *baissant les yeux.*

Voulez-vous bien vous taire, polisson...

LUCIEN.

Oh! Vincennes!... Vin... (*il tousse*) cennes!...

AIR : *du vin à quatre sous.*

C'est dans ce bois touffu
Où pouss' le militaire
Que j'appris à te plaire,
Et sans courir, j'ai su
J'ai su trouver, ma chère
Un bonheur inconnu,
Rappelle-toi ces bois charmants,
Où nous eûmes tant d'agréments.
Je te peignais tout bas mes feux
Pendant les exercices à feu!
Pendant qu' les fusils fesaient pif paf!
Mon cœur qui lui-même avait le taff,
Imitait le bruit du fusil
Mon Dieu comme c'était gentil
Si l'on avait chargé, mon cœur
A balle...il eût fait quequ' malheur (*bis*).

MAD. LOUP-DE-MER.

Ah! je suis forcée de baisser les yeux ou de loucher pour ne pas cramoisir.

LUCIEN.

Qu'elle est belle cette femme. mais qu'elle est imposante!

Mᵐᵉ LOUP DE MER.

Mon cœur faisait tic toc,
Mon cher, à chaque histoire,
Et, pour faire ma poire,
J' rougissais comme un coq
J' disais: faut lui fair' croire
Qu'j'ai l'air plus dur' qu'un roc,
Laiss' moi toucher tes cheveux charmants,
Plus luisants qu' mes appartements
Pendant qu' les soldats marquaient l' pas.
Comme eux je vous mettais au pas.
Quand l'officier criait halte-là,
Seul vous n'obéissiez pas comme ça.

Heureusement que les tambours
Couvraient mes reproches toujours;
Mais nous décampions tous les jours,
Après sans trompett's ni tambours.

LUCIEN.

Le fait est que j'étais assez gueux, à preuve, qu'on m'avait surnommé le Don Juan de Vincennes...

MAD. LOUP DE MER.

Comment avez-vous dit?...

LUCIEN.

Le Don Juan de Vincennes...

MAD. LOUP DE MER.

J'avais entendu le donjon de Vincennes!

LUCIEN.

Où est notre fille Lucie....

MAD. LOUP DE MER, *sentimental.*

On lui change ses langes.....

LUCIEN.

Ses langes... oh! oui, c'est l'ange de notre bonheur!...

MAD. LOUP DE MER.

Je crains que le seul œil que possède le destin, ne vous regarde pas d'un air serein, et j'ai peur, qu'il ne nous punisse dans notre enfant...

LUCIEN, *avec amour.*

Ne suis-je pas là ?... je lui ai déjà redressé la jambe, remis le bras qui lui manquait, et réparé l'œil qui était avarié, que crains-tu donc encore? en le nourrissant bien avec de la viande première catégorie, il se fortifiera promptement. Assez d'amour comme ça, voici l'heure de ma consultation, tout ce qu'il a de vilains dans le pays, va venir m'acheter mes drogues... les drogues! il faut que je me prépare à leur en flanquer pour leur argent... (*très-sentimental.*) Va te coucher, ma chouchoutte.

MAD. LOUP DE MER, *sort puis reparaît et fait :*

Ppsitt... psitt...

LUCIEN.

C'est encore toi!...

MAD. LOUP DE MER.

Oui, j'avais oublié de te demander un peu d'or pour aller chez le boucher, et de t'envoyer ces deux gros bécots... (*elle lui envoie des baisers pendant que Lucien lui donne de l'argent.*)

SCÈNE IV.

LUCIEN, *puis* LES GENS DU PEUPLE.

LUCIEN.

Maintenant que je suis seul et que je n'ai rien à faire, occupons-nous de justifier mon titre de marchand de vulnéraire. Heureusement que j'ai une grosse caisse, (*il monte sur le perron de sa maison*) et une belle voix de ténor léger... je ne vais pas jusqu'à l'ut de poitrine, mais il ne s'en faut pas de sept notes ...

AIR : *du Chalet.*

Accourez tous,
Tombez à mes genoux,
Car je m'en vais sur vous,
Si vous me donnez vos gros sous,
Faire pleuvoir,
Vous allez bien le voir ;
Remède, bleu, blanc, noir ;
Qui vous prouveront mon savoir !...
Approchez tous,
Ne soyez pas jaloux
Mon r'mède à tous
Se vend combien : Deux sous !...
(*Tous les paysans s'approchent.*)

1ᵉʳ COUPLET.

J'ai remède pour la migraine,
Et je pourrai guérir sans peine,
Maris jaloux !..
J'ai remède pour les coq'luches
Je guérirais même les bûches,
Approchez tous !
Au genre humain, toujours je viens en aide,
Enfin, pour tous, je suis un vrai remède !...

J'ai accompli d'autres cures merveilleuses, exemple : un homme louchait en dedans. Je lui ai fait avaler trois litres de mon vulnéraire, crac ! il loucha en dehors !... une femme avait un rhumatisme dans la jambe gauche, cinq litres de vulnéraire et crac ! le rhumatisme passa dans la jambe droite, sans pour cela abandonner la gauche. Approchez ! approchez !... approche-toi Petit-Jean, tu es pâle et tu as besoin d'être rouge... pif paf, avec deux claques sur tes joues, les couleurs te sont revenues ! Toi, Petit-Pierre, je n'ai qu'à te regarder pour deviner ta maladie, tu n'as jamais eu de mère !... voilà d'où vient ta maigreur, pauvre petit crétin, qui n'a jamais reçu le fouet des mains de sa bonne maman, pour te recaler, il te faut les bras d'une mer, tiens, voilà quarante sous, prends la patache qui te mènera jusqu'à Londres, et là tu trouveras un bras de mer tout prêt à te recevoir !... maintenant, vous êtes tous guéris, allez-vous-en !... D'ailleurs je ne suis que le médecin des enfants et je ne saurais pas saigner les grandes personnes... (*Tout le monde sort sur la reprise de l'air du Chalet, excepté Lucien.*)

SCÈNE V.

LUCIEN, *puis* CHER HOMME.

LUCIEN.

Là, voilà ma journée finie, encore trois francs quinze sous de gagnés !... ah ! mon bonheur serait complet comme un omnibus en temps de pluie, si j'avais ma mère près de moi... Je sais bien que je pourrais aller la retrouver à Tours : où elle habite, on y mange trop de pruneaux.... je vais toujours lui envoyer une pièce de quinze sous, ça lui rappellera son fils. (*Il va pour sortir au moment où Cher Homme paraît.*) Quel est ce paysan, aussi mal mis, que peu débarbouillé !

CHER HOMME.

Cet homme est un chasseur en activité ou un concierge retiré des affaires... (*Il tire ses lunettes et les met.* Mais je connais cet aquilin...

LUCIEN.

Ce camard ne m'est pas étranger...

CHER HOMME.

Cette bouche, me rappelle les Bouches-du-Rhône, ma capitale.

LUCIEN

Ce dos, me rappelle le Bas-Rhin, mon chef-lieu....

CHER HOMME, *reconnaissant.*

Lucien !...

LUCIEN, *même jeu.*

Cher homme !...

CHER HOMME, *lui tendant les bras.*

Toi !...

LUCIEN, *même jeu.*

Moi !..

CHER HOMME, *même jeu.*

Ciel !...

LUCIEN, *même jeu.*

Dieu !...

CHER HOMME, *même jeu.*

Bonheur !...

LUCIEN, *même jeu.*

Ivresse !...

ENSEMBLE *en laissant tomber les bras le long du corps et en poussant un soupir comique.*
Ah !...

AIR : *de Robert.*

LUCIEN.

Quoi ! c'est toi !

CHER HOMME.

C'est moi...
Oui, c'est moi !

LUCIEN.

C'est toi ?
Ah ! ma joie est extrême !
Quoi !
Toi !
Sous mon toit !
Toi !
Si près de moi !
C'est bien toi !
Que je vois,
Toi !
(*avec tendresse*).
T'as toujours l'air s'rin...

CHER HOMME (*avec tendresse*).

T'es-t-aussi vilain !...

LUCIEN.

Tu peux sans effroi
M'embrasser, je crois,
Car, parole, je t'aime !
Je ne puis sans toi,
Vivre sous mon toit,
Je veux toi
Et mon toit !...
(*ils s'embrassent de nouveau.*)

CHER HOMME.

Sur mon sein !..

LUCIEN.

Contre mon gilet de flanelle !... (*Ils se précipitent dans les bras l'un de l'autre.*) Je crois que j'ai fait craquer mon pantalon...

CHER HOMME.

J'ai recassé le verre de ma montre, mais ça ne me fait rien, il n'y en avait pas...

DUCIEN.

Pourquoi es-tu venu?.. as-tu besoin d'un flacon de vulnéraire? *(Reprenant le ton charlatan.)* Deux sous le flacon...

CHER HOMME.

Je viens pour te dire que ta pauvre mère, qui est à cinquante lieues d'ici, t'appelle de toutes ses forces.

LUCIEN.

C'est drôle... sa voix n'est pas arrivée jusqu'à moi...

CHER HOMME.

Depuis douze ans que tu es parti, elle me jure tous les jours sa parole d'honneur la plus sacrée, qu'elle ne peut vivre séparée de toi.. Elle veut à toute force de toi sous son toit... à condition qu'elle ne se dérangera pas... Oh! tu seras bien heureux avec nous.. *(S'attendrissant.)* On a besoin d'un homme de peine là-bas pour tout faire *(pleurant)* et on t'a réservé la place...

LUCIEN.

Mon brave Cher Homme, es-tu assez dévoué!. faire trois cents lieues pour me dire ça!..

CHER HOMME.

Moi, dévoué, allons donc! j'avais besoin d'acheter un petit fromage de Neufchatel, et je suis venu à Genève le chercher... voilà tout!...

LUCIEN.

Mais mon ami, j'ai une femme sur les bras.. une femme que j'ai soustraite à son mari, et dans le ménage cette soustraction a amené la division, d'autant plus qu'il y a eu addition par une multiplication, car j'ai un moucheron...

CHER HOMME, *avec explosion.*

Un moucheron!.. tu as un moucheron... *(Très-calme.)* Qu'est-ce que c'est que ça qu'un moucheron?

LUCIEN.

Une fille!.. j'ai une fille! de dix-huit mois, et la preuve, c'est qu'elle est en ce moment près de la mare aux canards, où elle cherche à imiter le croassement de ces volatiles... si bien faits pour les clarinettes et navets.. *(On entend des cris.)* Tiens, entends-tu?..

CHER HOMME.

Mais ce ne sont pas les cris des canards.. *(Allant au fond.)* Ah! mon Dieu!... corne de ton père...

LUCIEN.

Quoi!...

CHER HOMME.

Rien...

LUCIEN.

Si...

CHER HOMME.

Non...

LUCIEN.

Frayeur...

CHER HOMME.

Dissimulation!

LUCIEN.

Tu me caches quelque chose.

CHER HOMME.

Je ne te cache pas que j'ai un pressant besoin; *(A part.)* Je crois que j'ai été assez adroit.

SCÈNE VI.

LUCIEN, *puis* MAD. LOUP DE MER.

LUCIEN.

Que veut dire ce mystère!.. Cher Homme qui se sauve comme s'il avait bu une de mes médecines.. ceci me cache un énorme malheur!.. *(Très-calme.)* Ma fille courrait-elle un grand danger! oh! mais je ne ne puis rester dans cette incertitude, je pourrai bien aller voir.. *(avec énergie)* mais ça ferait manquer toute la scène!.. Appelons ma femme, qui n'est pas ma femme, et qui est la femme d'un autre.. holà, Louise, épouse infidèle!...

MAD. LOUP DE MER.

On a bégayé mon nom.

LUCIÉN.

Louise, viens me ravigotter; je crois bien que notre enfant s'est cassé quelque chose..

MAD. LOUP DE MER.

Bah!.

LUCIEN.

Bas ou haut, je ne sais pas, mais elle s'est cassé quelque chose...

MAD. LOUP DE MER.

J'ai mal entendu..

LUCIEN.

Oui, je sais que tu entends toujours mal; mais cette fois l'affaire est entendue...

MAD. LOUP DE MER.

Volons...

LUCIEN.

Non, restons honnêtes... out le village... tais-toi...

SCÈNE VII.

LES MÊMES, LOUP DE MER, *portant un poupon dans ses bras,* CHER HOMME, VILLAGEOIS.

LUCIEN.

. Loup de Mer!...

MAD. LOUP DE MER.

Mon légitime!.,.

M. LOUP DE MER.

M. Lucien, s'il vous plaît?

LUCIEN.

Il est sorti pour le moment.

LOUP DE MER, *s'éloignant.*

Alors, je reviendrai quand il sera rentré; vous êtes sans doute son groom... vous lui direz, que je lui apportais sa demoiselle, que j'ai rencontrée dans la rue voisine, en train de se faire trépasser par un cheval de mauvaise humeur !..(*Il s'eloigne.*)

LUCIEN.

Et vous emportez ma fille !...

LOUP DE MER.

Ta fille !... alors tu n'es donc pas sorti !...

LUCIEN.

Eh bien ! non, je viens de me rappeler que j'étais rentré, et je veux ma fille !...

LOUP DE MER.

Ta fille !... c'est vrai ! cette fille ! c'est la tienne, mais j'en fais la mienne quoiqu'elle ne soit pas la mienne, puisqu'elle est la tienne.. mais si elle est la tienne, elle devient la mienne, parce que l'existence qui est devenue la tienne ne vaut pas la mienne... si tu as une conduite, quelle est la tienne? tandis que la mienne vaut mieux que la tienne, or, si cette fille n'est pas la mienne et qu'elle soit la tienne, il vaut mieux que je la tienne et que je la retienne !..

CHER HOMME.

Quelle antienne !

LUCIEN.

Mon enfant !. (*Criant comme quelqu'un qui demande le cordon*). Mon enfant s'il vous plaît!

LOUP DE MER.

J'ai le droit de dire que c'est moi qui l'ai fabriquée, article deux cent treize du code, page trois cent vingt et un, alinéa quatorze..

LUCIEN.

Mais me priver de mon enfant, c'est me priver du soleil...

LOUP DE MER.

Tu la retrouveras rue de la Lune 33 !

CHER HOMME, *presque pleurant.*

Trente-trois, je m'en souviendrai, les deux bossus au loto! j'ai justement à faire dans cette maison là pour y acheter une boîte d'allumettes chimiques!

FIN DU PREMIER TABLEAU.

DEUXIÈME TABLEAU.

Le théatre représente une chambre assez élégamment meublée. — Porte vitrée au fond laissant voir la campagne, meubles etc. Au lever dn rideau, Lucie est étendue sur un sopha, Cher Homme est assis près d'elle , une tasse à la main.

SCÈNE PREMIÈRE.

CHER HOMME, LUCIE *en homme.*

CHER HOMME.

Eh bien ! monsieur, non mam'zelle, si, je disais bien , monsieur, buvez un peu de cette tisane ?...

LUCIE.

Merci, je n'aime pas la bourrache, ça me fait suer...

CHER HOMME.

Ma tisane n'a pas de succès...(*A Lucie.*) Ça va-t-il mieux ?...

LUCIE.

Merci, mon bon Cher homme, merci; ça va plus mal !..

CHER HOMME.

Allons, tant mieux... non, je veux dire tant pis, je ne sais plus ce que je dis... depuis que mon maitre, Monsieur Loup de mer , vous a habillé en moutarde, je confonds le masculin avec le féminin , et le féminin avec le neutre... (*S'attendrissant.*) Ah! je vois bien qu'il faudra que je retourne à l'école pour apprendre la grammaire de Messieurs Moëtte et Chapska !..

LUCIE.

Et pour quel motif mon père me tient-il ainsi claquemurée. Je serais si contente quand vient le soir d'aller prendre le serin,

CHER HOMME.

Est-ce que je ne suis pas là?

LUCIE.

Mais pourquoi m'avoir revêtue de ces nippes enfantines, qui font que je ne sais plus moi-même si papa a sa petite demoiselle ou s'il a son jeune homme.

CHER HOMME.

C'était pour vous soustraire à un père..

LUCIE

A un père ?..

CHER HOMME.

Je veux dire , à quelques paires d'amoureux qui vous poursuivaient.

LUCIE.

Ce renseignement est inintelligible, mais il me suffit! et sais-tu où est mon père?..

CHER HOMME.

Le quel? le numéro 1?..

LUCIE.

Comment le numéro 1! est-ce que j'ai un père numéro 2?

CHER HOMME.

Non, c'est encore une faute de grammaire. M. Loup de mer est arrivé ce matin, mais comme il paraît que le harang n'a pas donné, c'est lui qui a donné.. une raclée à son contre-maître, ce qui fait qu'il a les allures d'une porte de prison...

LUCIE

Et ma mère qu'est-elle devenue? Je l'ai perdue de vue à l'âge de dix-huit mois, et depuis cette époque on a oublié de m'en parler..

CHER HOMME, sombre.

Votre mère!.. elle a cassé sa pipe!..

LUCIE, naïvemnt.

Ah! elle fumait donc?.

CHER HOMME, sombre.

Et elle faisait surtout fumer votre père!...

LUCIE.

Et mon amoureux? le jeune peintre en bâtiments, où perche-t-il!

CHER HOMME.

Il redonne une couche au plafond de la cuisine.

LUCIE.

Laisse l'y, regarde l'y et contemple l'y; il y est bien, pourvu qu'il reste dans la maison, c'est tout ce qu'il me faut.

AIR: *Oui, je voudrais.*

Il est si bien sur son échelle,
Avec son bonnet d' papier gris,
Sa blouse couleur de canelle
Et des taches plein ses habits!
Je dois goûter, je me l' figure,
Près d' lui le moins doux des bonheurs,
Car un peintre, j'en suis bien sûre,
M'en f'ra voir detout's les couleurs...
Un peintre doit, j'en suis bien sûre,
M'en fair' voir de tout's les couleurs.

Na! Cher Homme, tu diras à papa Loup de Mer que je veux l'épouser...

CHER HOMME.

Vous voulez épouser votre papa!.

LUCIE.

Non, mon peintre en bâtiment....

CHER HOMME.

Tenez, le voici, votre père vous allez le lui demander vous-même.....

LUCIE.

Ne t'en va pas..... son nez remue, c'est mauvais signe.....

SCÈNE II.

LES MÊMES, LOUP DE MER.

LOUP DE MER

Je suis comme un crin!... pêcher trois harengs dont deux sardines... Ah! c'est vous, Lucie..... vous avez gardé vos habits de garçon, et vous avez bien fait...

LUCIE.

Justement, mon père, je voulais vous parler de mon mariage avec un jeune peintre en bâtiments qui m'a peint...

LOUP DE MER.

Comment qui vous a peint!...

LUCIE

Qui m'a peint... son amour sous des couleurs si vives, que je crois que j'ai un béguin pour lui...

LOUP DE MER.

Ça se trouve bien...

LUCIE, joyeuse.

Quoi, vous consentiriez!...

LOUP DE MER.

Oui... à ce que vous en épousiez un autre.

LUCIE.

Oh! ciel!.....

LOUP DE MER.

Non, sur terre.....

LUCIE.

Mais papa, je suis toquée pour un autre!...

LOUL DE MER.

Comment, vous vous permettez d'aimer quelqu'un que vous connaissez, et de refuser un jeune homme que vous n'avez jamais vu!... C'est bien cela! Oh! les femmmes, ce sont des boutiques à malice.

LUCIE.

Mais nous avons déjà échangé nos bagues...

LOUP DE MER.

C'est ça, vous considérez le mariage comme un jeu de bague!.. vous n'épouserez pas le barbouilleur. D'autant plus que le mariage que j'ai déniché a tout ce qu'il faut pour être.. accepté.....

AIR : *du baiser.*

Car, sachez-le, l'époux que j' vous destine
N'est pas joli, pas jeune, pas élégant;
Il n'est pas grand, il n'a pas bonne mine,
Mais il est maigre et ne porte qu'un gant,
Comm' ça se fait au boulevard de Gand.
Ce n'est pas par l'esprit qu'il brille,
Il manq' de goût et de bon sens,
Mais il est d'un' très-grand' famille...
Car sa mère eut vingt-quatre enfans.
On peut se dire d'un' très-grand' famille
Lorsque l'on a vingt quatre frèr's vivants!

Ainsi préparez votre bouquet de fleurs d'oranger, et votre voile de tulle illusion.

LUCIE.

Illusion! je n'en ai plus d'illusion! oh! ma

mère, on dit que j'étais ton portrait vivant, regarde le peu de chance que j'ai.

AIR : *du Luth*

Je vais mourir, n-i-ni, c'est fini
Car à présent que puis-je faire ici.
Oui le bonheur pour moi s'enfuit de ma chambrette
Puisqu'avec élégance dit une viell' chansonnette :
Quand on a tout perdu et qu'on a plus sa tête
On prend.... un grand parti !
Prenons un grand parti !

(*Tombant sur le sopha.*) Ah ! je suis vivement indisposée !...

CHER HOMME.

Monsieur, vous l'avez tuée !... et son vrai père est capable de vous traduire...

LOUP DE MER.

En quelle langue...

CHER HOMME.

En cour d'assises !.. Buvez un peu de cette tisane... (*Il lui présente une tasse. Lucie ne bouge pas.*) Ma tisane n'a pas de succès.

LOUP DE MER.

Oh ! je suis dans mon jour de guignon, pêcher trois harengs dont deux sardines, et tuer ma fille qui est celle d'un autre !(*A Cher Homme.*) Mais cours donc chercher un médecin.

CHER HOMME.

J'y cours...(*S'arrêtant court.*) C'est égal, je suis stupide d'être bon comme ça ; on dirait vraiment que j'ai pris un brevet sans garantie du gouvernement. (*Il va pour sortir, et se heurte dans Lucien.*)

SCÈNE III.

LES MÊMES, LUCIEN.

LUCIEN.

Un médecin, voilà, parlez, faites-vous servir. (*Tâtant le pouls à Cher Homme sans le regarder.*) Vous êtes malade, vieux !...

CHER HOMME.

Mais non, ce n'est pas moi !...

LUCIEN.

Je le savais... alors c'est vous !...

LOUP DE MER.

Moi non plus....

LUCIEN.

Je le savais également... (*Prenant la table.*) alors c'est....

LOUP DE MER.

C'est cette jeune fille... (*Se reprenant.*) Ce jeune homme....

LUCIÉN.

Je le savais...(*Il prend la main de Lucie*). C'est drôle, voilà une main qui me rappelle un pied de ma connaissance (*comptant les pulsations*) 20, 30, 40, 50, mais je connais ce pouls-là... mais oui, il n'y a que le pouls de ma fille, qui battait ainsi la mesure de 6, 8 (*Il va pour se pencher vers Lucie, et se trouve nez à nez avec Loup de Mer.*) Vous !.....

LOUP DE MER.

Toi !......

CHER HOMME.

Eux !..... (*Ils tombent tous les trois chacun sur un siège, puis se relèvent vivement et vont l'un vers l'autre.*)

LOUP DE MER.

Vous !.... c'est-à-dire, toi ici? ça ne se passera pas comme ça. Vous êtes entré chez moi par la ruse.

LUCIEN.

Je ne suis pas entré par la ruse, mais par la porte, et pour reprendre ma fille, car je la reconnais à présent, ce garçon-là est bien ma fille. (*Il tire Lucie par le bras droit.*)

LOUP DE MER.

Tu ne l'auras pas... (*Il la tire par le gauche.*)

CHER HOMME.

Vous allez la disloquer !.....

LUCIEN, *même jeu.*

C'est ma propriété !.....

LOUP DE MER.

Mais la propriété, c'est le vol !.....

CHER HOMME.

Décidément, il y a du tirage !.....

LUCIEN.

AIR : *Allons donc, prenez le patron.*

Allons vieux,
Ma fille, je la veux,
Car sans elle je suis malheureux.

LOUP DE MER.

Tu la veux.
Nous verrons de nous deux
Lequel ta fille adorera le mieux.

LUCIE

Lâchez-moi tous deux,
Ah ! c'est affreux,
Car mes os entre eux
Semblent danser un avant-deux.

LUCIEN.

Tu n'es qu'un vieux gueux,
Et je la veux.

LOUP DE MER

Continuons ces jeux
Elle est pour le plus fort des deux,
Il faut en finir entre nous deux.
Ta fille est à moi, grand malheureux !
Et pour me venger de toi, je veux
Tirer une vengeance.

LUCIEN.

Tu m' tir' les cheveux !

LUCIE, *ouvrant les yeux.*

Oh ! la vérité me paraît, sous son plus léger costume, et je sens aux tiraillements de mon cœur... non, de mon bras droit, que le vétérinaire est mon vrai père !

LOUP DE MER.

Vous le voyez, elle sait tout ; il faut que vous ou moi mourriez.....

LUCIEN.

Quelle folie dramatique. Je vous donne la préférence.....

LOUP DE MER.

Non pas, nous nous battrons.....

LUCIEN.

A l'épée, à vingt-cinq pas, ça me va!

LOUP DE MER.

Ah! vous reculez! il paraît que ça ne vous fait pas mal au cœur d'aller à reculons..... Eh bien s'il faut vous insulter, pour vous forcer à vous battre..... (*Il tire lentement son gant, et quand il l'a ôté, il donne un grand coup de pied dans le derrière de Lucien.*) Je vous frappe dans votre amour propre.....

LUCIEN, *avec rage.*

Oh!..... recevoir un coup de pied devant tout le monde....

LOUP DE MER.

Devant tout le monde... excepté devant nous.......

LUCIEN.

Vous m'en rendrez!....

LOUP DE MER.

Un autre....

LUCIEN.

Non, raison....

LOUP DE MER, *très-sec.*

Inopinément.... vos armes?...

LUCIEN, *même jeu.*

Les vôtres...

LUCIEN.

Votre heure.....

LOUP DE MER.

La vôtre...

LUCIEN.

Le lieu...

LOUP DE MER.

Le vôtre...

LUCIEN.

Vos témoins....

LOUP DE MER.

Les vôtres....

LOUP DE MER.

Ça suffit, sortons... (*Ils vont pour sortir.*)

LUCIEN.

Mais nous n'avons rien décidé...

LOUP DE MER.

Tiens, c'est vrai...

LUCIEN, *très-sec.*

Vos armes...

LOUP DE MER, *même jeu.*

Les vôtres...

LUCIEN.

Votre heure.....

LOUP DE MER.

La vôtre...

LUCIEN.

Le lieu...

LOUP DE MER.

Le vôtre...

LUCIEN.

Vos témoins...

LOUP DE MER.

Les vôtres...

LUCIEN

Ça suffit, sortons... (*Ils vont pour sortir.*)

CHER HOMME.

Mais cette pauvre jeune fille... (*se reprenant*) homme... qui est là sans connaissance...

LOUP DE MER.

Sans connaissance, allons donc, est-ce qu'elle ne te connaît pas. (*Ils sortent.*)

SCÈNE IV.

CHER HOMME, LUCIE.

(*Musique en sourdine pendant toute la scène*)

CHER HOMME.

Ah! mon Dieu! ils vont s'entretuer, on ne va plus retrouver que leurs deux faux-cols. (*A Lucie.*) Lucie, reviens à toi, je peux bien lui dire tu, puis qu'ils se disent assomme... Lucie, ouvre seulement un œil, celui que tu voudras, ça m'est égal, si tu es gauchère, ouvre le droit... (*Lui présentant une tasse.*) Bois un peu de cette tisane... rien... ma tisane n'a pas de succès... son cœur ne bat plus et ils se battent eux... (*Il écoute si le cœur de Lucie bat.*) Le grand ressort est cassé...

AIR : *de Lucie*

Oh! bel ange oh! ma Lucie...
Bon v'la que je chant' l'opéra!
Pour la rapp'ler à la vie
Il ne manquait plus que ça!

En voyant Lucie comme la mère morte, je pense à Lucie de Lamermor!... (*On entend un coup de pistolet. Lucie fait un saut.*) Oh! cette fois, elle est bien morte, la balle qui a tué ses deux pères l'a achevée...

SCÈNE V.

LES MÊMES, LOUP DE MER, LUCIEN.

LOUP DE MER.

Enfin, je suis débarrassé de l'apothicaire!...

CHER HOMME.

Où l'avez-vous serré?...

LOUP DE MER.

Je crois que je l'ai tué... grièvement...

CHER HOMME.

Alors vous aurez à vous reprocher deux morts.. sûres..

LOUP DE MER

Aurais-tu été mordu...

CHER HOMME.

Contemplez votre fausse fille... elle a éteint son gaz!...

LOUP DE MER, *criant.*

Morte, ma fille!... (*Très-calme.*) Je veux dire (*criant.*) morte, sa fille... (*Fredonnant.*) Sa fille est morte...

CHER HOMME, *fredonnant.*

Elle n'a plus de feu...

LOUP DE MER (*se levant et allant vers la porte*).

Ouvre-moi la porte...

CHER HOMME *le retenant.*

Pour l'amour de Dieu!... tenez-vous coi...

LOUP DE MER.

Pourquoi coi!...

CHER HOMME.

Parce que c'est l'heure d'aller user les vieux genoux de nos vieux pantalons aux jeunes pieds de votre jeune fille!(*Ils vont se mettre à genoux près de Lucie, l'un à droite, l'autre à gauche.*)

SCÈNE VI.

LES MÊMES, LUCIEN.

LUCIEN, *passant la tête par la porte.*

Pardon, messieurs, si j'ose me représenter dans ce négligé après le petit différend qui a eu lieu entre nous, mais j'ai oublié mon mouchoir, et d'embrasser une dernière fois ma fille ou mon fils....

CHER HOMME.

Commeut! vous n'êtes pas mort?...

LUCIEN.

Non, M. Loup de mer a mal visé! il a tué le témoin qni ramassait son cigarre!... mais que signifient ces agenouillements, est-ce que ma fille, ou mon fils, car je l'ai quitté si jeune que je ne suis pas bien fixé.....

CHER HOMME (*pleurant*).

Vous n'avez plus de fils.....

LUCIEN (*avec joie*).

Ah! c'était donc bien une fille.....

LOUP DE MER.

Vous n'avez plus de fille.....

LUCIEN.

Ah! c'était donc bien un fils.....

CHER HOMME.

Vous n'avez plus ni fils ni fille.....

LUCIEN, *avec désespoir.*

Que dites-vous? ni fils ni fille... je suis un père sans enfants !... mais ça ne se peut pas, ça ne s'est jamais vu, car un papa sans enfants...

AIR : *de Lauzun.*

C'est une nourrice sans lait,
C'est un fusil sans bretelle,
Sans sa poule, c'est un poulet.
C'est un maçon sans sa truelle,
C'est un comédien sans fard,
Sans graisse c'est une poularde,
Bref un papa sans moutard
C'est un moutardier sans moutarde,
Un pèr' qui n'a pas de moutard
C'est un moutardier sans moutarde.

(*Allant à sa fille.*) Mais cette pâleur.... ah! je comprends, vous l'avez occis!

LOUP DE MER.

Oh! que non!

LUCIEN.

Oh! qu'si! oh! qu'si!... (*Il la touche.*) Froide comme une tragédie, comme une glace de chez Tortoni ou du café Foy... pourtant, j'ai des remèdes pour tous les maux!... (*Cherchant.*) si je lui administrais un petit... je ne sais pas si ça lui ferait du bien... si je lui administrais un grand... je ne sais toujours pas si ça la soulagerait !... j'ai beau chercher, je ne trouve pas...ah! ça, est-ce que par hasard je ne serais pas médecin (*il se tire les cheveux et se tape le front*) et j'ai pourtant là (*il montre son front*) et là.... (*il montre son ventre*) quelque chose qui me dit que je dois la sauver!..... Comment, ma mère aurait dépensé trois mille six cents francs et des centimes pour me faire recevoir docteur, et je ne serais pas capable de trouver un moyen de guérir une fille qui est morte! je sais bien que pendant que je me raconte tout cela, elle a onze fois le temps de mourir, mais je ne suis pas fâché de me dire ce que je pense sur mon compte... si j'étais sûr que ce soit une fille encore, je pourrais..... mais si c'est un garçon, au contraire, comment savoir... Ah! cette glace..... (*Il prend une glace, la met au-dessus de la bouche de Lucie, et regarde. Poussant un cri prolongé.*) ah! ah ! ah ! rh!.... il... elle... il... il... elle... elle.. il... elle vit elle vit, c'est une fille.....

LOUP DE MER

Une fille, à quoi voyez vous ça?...

LUCIEN.

Parce qu'elle a respiré et que si c'était un garçon il aurait respiré...

LOUP DE MER.

Sauvée...

CHER HOMME, *à Loup de Mer.*

Je crois que si elle est sauvée... c'est le moment de vous sauver aussi, vous...

LUCIE.

Tiens, je m'étais endormie.. ça n'est peut-être pas très-poli, mais ça n'est pas ma faute, je n'avais pas pris de café...Bonjour, Lucien mon papa bonjour Lonp de Mer, mon papa, bonjour Cher homme mon papa...

CHER HOMME, *allant chercher la tasse.*

Buvez un peu de cette tisane.(*Lucie la repousse doucement, il boit la tisane.*)Allons décidément ma tisane, n'a pas eu de succès...

LUCIEN, *à sa fille.*

Je te retrouve donc enfin, ô ma fille, qui pouvait être un garçon, mon affection est augmentée car l'absence est le cuir à repasser de l'affection. Je te retrouve après dix-sept ans d'absence, tu es bien un peu changée depuis l'âge de six mois que je t'ai quittée, mais c'est si peu de chose que ce n'est pas la peine d'en parler... tiens, vois, je pleure de bonheur... à minuit et demi.

LOUP DE MER, *il tire sa montre.*

A minuit et demi, il appelle ça pleurer de bonne heure... mais je lui pardonne les bêtises qu'il dit en faveur de sa joie, et quoi qu'il m'enlève encore une fois ma fille... ah ! menteur est le proverbe qui dit ; ce qui vient de la cave retourne au hareng...

LUCIEN.

C'est, au contraire, ce qui vient du hareng qui retourne à la cave... mais ne craignez rien , j'ai retrouvé ma fille , ça me suffit maintenant , je ne tiens pas à jouir plus longtemps de sa société ni de sa conversation : je vais la flanquer à son mari qui nous en débarrassera tous les deux...

LUCIE.

Ah ! quelle chance, je vais donc épouser mon peintre colleur, ça n'est donc pas une colle.

LUCIEN.

Où est le peintre susdit...

CHER HOMME.

Je vais l'appeler... (*Criant par la fenêtre.*) Eh ! là-bas, le peintre...

UNE VOIX.

Pourquoi faire?...

CHER HOMME.

Pour vous marier...

UNE VOIX.

Voilà... je donne une dernière couche au plafond de la cuisine...

CHER HOMME.

Il te rendra heureuse, mon fils.. non, ma fille.. et il pourra, si tu as jamais des enfants, te servir de nourrice car il est fort sur les couches.... embrasse ton père numéro un.... (*Elle embrasse Loup de Mer*) et rembrasse ton père numéro deux. (*Elle embrasse Lucien.*)

CHER HOMME.

Et moi.....

LUCIEN.

Toi... tu seras son père numéro trois...

CHER HOMME.

C'est vrai, elle n'avait pas assez d'une paire de pères....

LOUP DE MER.

Tu vois, ma fille, que nous avons bien fait les choses, ton bonheur sera peut-être discuté ; mais nous aurions pu te laisser là et dire: Esbignons-nous vite. J'ai voulu te prouver qu'il valait mieux terminer l'affaire aujourd'hui que l'affaire hier...

CHER HOMME.

La morale de tout ceci mademoiselle, est que, si votre intention est d'avoir des enfants, il vaut mieux qu'ils n'aient jamais de père, plutôt que d'en avoir deux.

CHŒUR.

Oh ! quel beau jour !
Quel heureux jour!
Ma foi, vraiment, c'est de la chance,
C'est bien certain,
Ce n'est qu'en France
Où les dram's finiss'nt si bien.

COUPLETS AU PUBLIC.

1er COUPLET.

CHER HOMME.

On voit chaqu' jour, au Méd'cin des Enfants,
Un' queue énorme ayant près d'une lieue,
C'est heureux, car comme les cerfs-volants
Chaqu' théâtre ne peut marcher sans queue.

2me COUPLET

LUCIE.

Le médecin des enfants est très-bon ;
Pour tous les maux il possèd' des recettes;
Mais la meilleure des recettes, dit-on,
Est sa recett' pour faire des recettes.

3me COUPLET

LUCIEN.

A la Gaîté le Méd'cin des Enfants
A des méd'cin's, qu'il propage à la ronde ;
Mais ces méd'cin's, sans nuls désagréments,
A la Gaîté font aller tout le monde.

4me COUPLET.

LOUP DE MER.

Cett' parodie du Méd'cin des Enfants
Est un élog' plutôt qu'un' moquerie
Car les auteurs savent bien qu'en tout temps
Le succès seul enfant' la parodie,

5me COUPLET

LUCIEN, *au public.*

Si nos auteurs n'ont pas assez revu
Cette revue,
Qu'on offre à votre vue,
De repentir ils sont pourvu
Pourvu
Que leur revue
Par vous tous soit revue!

FIN.

Paris.—Typ. **Morris** et **Comp.**, rue Amelot, 64.

Paris.—Typ. Morris et Comp., rue Amelot, 64.

www.ingramcontent.com/pod-product-compliance
Lightning Source LLC
LaVergne TN
LVHW050235180726
843501LV00014BA/4280